# Une Fête à Baincthun

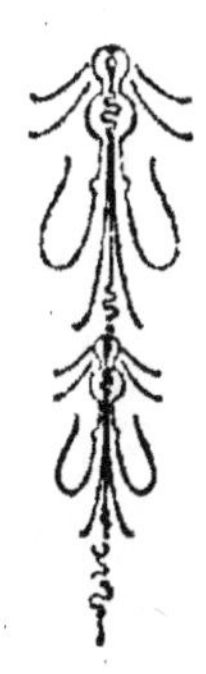

CALAIS

IMPRIMERIE DES ORPHELINS

70, Quai de l'Est,

# Une Fête à Baincthun

## 1<sup>er</sup> JUILLET 1900

Pour faire droit aux réclamations de beaucoup de personnes recommandables, et pour faire plaisir aussi à tous ceux qui ont prêté leur concours à la cérémonie, je me décide à publier quelques détails sur la Plantation de Calvaire qui vient d'avoir lieu dans notre paroisse et qui n'a été, après tout, que la reproduction, un peu plus ou un peu moins solennelle de ce qui se passe en toute paroisse où l'on plante « un Calvaire ».

C'était donc fête à Baincthun le 1er Juillet dernier. Depuis six semaines on préparait, on attendait ce jour avec impatience. Il se leva maussade, et chacun en ouvrant les yeux éprouva une déception. Mais, vers sept heures, le bon Dieu, qui voulait aussi prêter son concours à la fête, voulut bien dissiper les nuages et envoyer quelques rayons de son bon soleil plein d'espérance. Sous cette douce influence toutes les bonnes volontés s'épanouirent, et peu à peu, sur leur emplacement désigné, l'on vit s'élever quatre arcs de triomphe, que chaque heure rendait plus beaux, et qui finirent par être réellement quatre portes « triomphales » où le bon goût rivalisait avec la magnificence des décors. Chaque quartier de la Paroisse avait le sien : Questinghem, Fort-Mahon, Maquinghen, comme « le fond de Baincthun, » avaient eu la louable ambition de se surpasser mutuellement. Vers midi le décor des rues était donc magnifique. Tout était prêt ; on n'attendait plus maintenant que *le cortége.*

A 3 heures 1/2 précises, la Paroisse s'organisait à l'église pour aller au-devant du Christ déposé à Fort-Mahon dans la propriété de la famille Bacquet-Cousin, à qui nous adressons un hommage de reconnaissance pour la généreuse pensée qu'elle a eue d'offrir à la Paroisse un nouveau Calvaire. Dépeindrons-nous toutes les richesses qui se déployèrent alors successivement dans l'ordre le plus parfait? Après le drapeau national et la bannière de Jeanne d'Arc, après les enfants de chœur en leurs plus beaux atours, un rayonnant Enfant-Jésus de Prague, puis les superbes bannières de la Sainte-Enfance, du Sacré-Cœur portées par les communiants avec leurs brassards ; de St Adrien, de St Martin le patron de la Paroisse, entourées des jeunes gens de l'endroit ; de sainte Anne au milieu de la Confrérie des Mères chrétiennes avec leur ruban ; enfin de la Sainte-Vierge portée par un groupe nombreux de jeunes filles en blanc.

Mais ce qui frappait surtout les regards c'étaient les deux magnifiques châsses renfermant les reliques de saint Adrien et de saint Martin, placées sur deux brancards tout resplendissants de beauté et de fraîcheur et portées sur les épaules de jeunes filles aux écharpes d'or. Qui n'a remarqué aussi ces trois petites fillettes portant avec tant de grâces les emblèmes de la Foi, de l'Espérance et de la Charité ? Les Bannières des quinze Mystères du Rosaire, création nouvelle, occupaient aussi quarante cinq enfants en blanc. Et enfin pour clore cette belle série le brancard de la Statue de la sainte Vierge s'avance majestueusement, porté sur les épaules des Enfants de Marie ; la Vierge est revêtue d'un riche manteau de velours bleu, garni de précieuses dentelles.

Mais ne nous attardons pas ; l'heure est venue, et l'on dirait que le temps se voile. On entonne les Vêpres, le signal est donné et le cortège s'ébranle, précédé des cavaliers. Oh ! ce groupe des cavaliers ! il est peut-être ce que l'on a le plus remarqué dans la fête ! Venus pour la plupart de bien loin, sous leur superbe uniforme, pantalon blanc, cravate blanche, guêtres noires, nœud de soie rouge flottant à l'épaule, drapeau des croisés à la main, ils étaient beaux à voir lorsqu'ils modéraient la fougue de leurs riches montures avec un calme et une dignité qui té-

moignaient bien de leurs talents de cavaliers!...
Mais laissons cette première partie du cortège
faire ses deux kilomètres, devançons-la quelque
peu à Fort-Mahon et nous assisterons à la for-
mation du *Cortège du Christ*. Là le coup d'œil
n'est pas moins ravissant.

C'est d'abord le Christ victime de la Loi nouvelle, symbolisé par un ravissant petit agneau
dont la laine toute blanche est parée de rubans
rouges ; il est bien doux entre ses deux jolies
petites « Bergères ». Puis c'est le Christ au berceau
entouré de fraîcheur et d'innocence, et précédé
de deux anges qui annoncent : Gloria in excelsis.
Le voici vivant à l'âge de trois ans, tout souriant
de grâce et de bonté, et suivi d'une troupe
d'Innocents, jouant avec leurs couronnes et leurs
branches de lis. On sourit, une larme monte aux
yeux, et comme malgré soi le cœur laisse échap-
per ce cri « Amour à Jésus » qu'on lit sur les
onze écussons qui suivent. Jésus à douze ans est
plus calme mais non moins ravissant! Il est
entouré de deux compagnons richement vêtus
comme lui, et suivi d'une troupe de jeunes
lévites qui rappellent son passage au Temple.

Jusqu'ici nos yeux seuls ont été charmés; nos
oreilles vont l'être maintenant. Une aussi belle
fête pouvait-elle se passer sans une musique ?
La musique n'est-elle pas la compagne obligée,
presque l'âme de toute grande solennité ? Aussi
la musique du Portel voulut-elle bien venir

donner la vie au cortège et charmer les assistants des accords de son harmonie.

Mais voici venir maintenant le drame sanglant du Calvaire avec tous les incidents qui le rappellent, tous les instruments qui l'ont accompli. Prévenu par une bannière portant ces mots : " *Fiat voluntas* ", un *Ange de l'Agonie* s'avance, en riche costume, le front ceint d'un étoile, les ailes repliées en signe de tristesse, la tête inclinée en signe de résignation, et portant à la main le calice d'amertume. Il est suivi de quatorze écussons en velours rouge portant chacun le chiffre d'une des quatorze stations; les roses rouges, les palmes dorées qui les précèdent rappellent et le martyre et le triomphe du Christ. Qu'il est brillant ce groupe de soixante-dix jeunes personnes avec leurs écharpes et rubans rouges et or !

Une relique de la Terre Sainte, une relique précieuse et authentique de la vraie Croix sont portées à la suite sur de beaux coussins rouges.

Aux couleurs rouges vont maintenant succéder les violettes. Tous les instruments de la passion : couronne d'épines, marteau, clous, fouets, lance etc, ainsi qu'une belle sainte Face vont défiler sous nos yeux sur des coussins violets richement ornés et portés par de jeunes personnes en blanc aux écharpes également violettes. On dirait que ce violet fait descendre l'âme, la fait se replier sur elle-même, elle sent que le Christ n'est pas loin.

En effet, voici venir une troupe de soldats romains, à l'air martial, aux habits sévères, la lance à l'épaule; voici surtout deux bourreaux costumés, portant une échelle, des cordes, des instruments de supplice qui nous annoncent une exécution terrible.

Mais la vue du Christ lui-même vient rassurer un peu nos âmes. Il est si beau, il paraît si bon, si miséricordieux sur son lit de pourpre et d'or! Son attitude respire tant d'indulgence que nos cœurs se livrent facilement à l'espoir et à la confiance. Il s'avance dominant les foules et porté bien haut sur les épaules de trente jeunes gens, des meilleures familles de la région qui ont l'air heureux et fiers du noble rôle qu'ils remplissent.

Et qui, mieux que la sainte Vierge devait être représentée près de son divin Fils. Elle est là digne et simple en costume de l'époque, portant à la main le linceul avec lequel elle ira ensevelir le Christ; elle attire tous les regards. Avec elle sont aussi saint Jean, portant ouvert le livre des Evangiles, sainte Marie Madeleine avec son vase d'albâtre et sa posture pénitente, sainte Véronique avec le linge empreint de la sainte Face, tous trois dans une attitude pleine de dignité et de douleur, inspirant à la foule un sentiment de profond respect et de religieuse sympathie. Suit une troupe de saintes Femmes en deuil.

Mais pendant que nous avons décrit tous ces groupes, le cortège de la paroisse est arrivé; il défile devant le Christ et prend la tête de la Procession. Malheureusement quelques gouttes de pluie jettent l'alarme en ce moment, et l'on est forcé de partir un peu vite, sans aucun désarroi cependant ; plusieurs fois pendant le reste de la cérémonie de très légères ondées viendront redoubler les craintes ; mais toujours la pluie sera refoulée de suite par le bon Dieu qui la tiendra suspendue, et ne lui permettra de tomber qu'aussitôt après, et pendant vingt-quatre heures !

En attendant, le cortège, au complet cette fois, défile toujours et fait ses deux kilomètres, encadré des splendides décorations de la rue. Le voici arrivé au lieu où était dressé depuis quelques jours l'arbre de la Croix ; il est superbe, cet endroit, avec ses décorations d'étoffes et de verdure, et ses belles constructions qui resteront, une fois la fête passée.

Mais ici il devient impossible d'avancer. La foule échelonnée tout le long du parcours a été partout silencieuse et sympathique ; auprès du calvaire elle devient compacte et houleuse ; tout le monde veut voir, tout le monde se prépare surtout à entendre. Le cortège peut à peine se frayer un passage souvent refermé ;... le Christ arrivera-t-il ? Il faut pour lui faire un chemin que deux cavaliers fermes et sûrs lui ouvrent forcément les rangs. Il est enfin au pied de la Croix. Là, tout est soigneusement préparé, et avec une dextérité à laquelle nous ne pouvons trop rendre hommage, avec toute la dignité qui convient, le Christ est monté et attaché sur la Croix.

Pendant ce temps les accents d'un pieux cantique pénètrent dans toutes les âmes. C'est le chœur de chant de la paroisse qui dit :

> « Contre le Christ tout frémit sur la terre
> Peuples et Rois s'arment de toute part....
> ....Nous te suivons, guide-nous humble bois
> ....Soldat chrétien, mon drapeau c'est la Croix ! »

Aux accents de ce cantique tout d'actualité et fort bien rendu, vont succéder d'autres accents autrement touchants et pratiques.

M. l'Abbé Therry, doyen d'Etaples, de sa grande et noble voix va faire entendre à cette foule qui devient subitement silencieuse et attentive, les accents de sa mâle éloquence. Il va redire en quelques paroles courtes et fécondes les " triomphes de la Croix. " Depuis le Christ lui-même jusqu'à nos jours en passant par Constantin, par sainte Hélène, par les Croisades, et par Napoléon etc..., il montrera la Croix toujours battue par les tempêtes et jamais renversée ; il la montrera de nos jours, toujours persécutée et jamais vaincue, il la montrera enfin brillant sur la poitrine des braves et partout triomphante. Que ne pouvons-nous donner dans son entier ce superbe morceau d'une éloquence partie du cœur !

Pendant ce temps, la sainte Vierge et les saintes Femmes, sainte Marie-Madeleine à genoux au pied de la croix, nous donnent un moment l'illusion que nous assistons à la vraie scène du Calvaire. Au milieu du silence imposé par ce discours, le Christ est solennellement béni par M. l'Archiprêtre de Boulogne, toujours si heureux de prêter son concours gracieux à toutes les fêtes religieuses de sa région, puis la foule se dissout, le cortège entre à l'Eglise où est donné la bénédiction du Très Saint-Sacrement. L'office se termine par un « Christus vincit » plein d'entrain et de conviction.

Ainsi pour donner une vue d'ensemble, une troupe de vingt-sept cavaliers, une quarantaine d'Enfants de Chœur, trente porteurs du Christ, plus de soixante jeunes gens abrités sous les banières, une réunion de deux cent cinquante jeunes filles en blanc ou costumées, tant de la Paroisse que de toutes les paroisses voisines, Echinghem, Saint-Léonard, Saint-Étienne, Condette, Hesdin-l'Abbé, Crémarest, la Capelle, Pernes, Saint-Martin, Mont-Lambert etc. ; un ensemble de cinq cents personnes remplissant une fonction dans la procession ; et enfin une foule estimée au nombre de trois à quatre mille personnes venues de partout, tel est le résumé du cortège de cette belle fête longtemps attendue et trop vite passée ; fête dont l'enthousiasme tombera bien vite, mais dont le souvenir restera gravé dans tous les cœurs ; fête inoubliable dont le seul but, on ne doit pas l'oublier, était d'honorer le plus dignement possible Notre Seigneur, et le fruit, de remporter au cœur une grande dévotion à la Croix ; fête enfin que, dans un soir mémorable, nous avons vu s'éteindre doucement dans la joie de tous les cœurs, et dans un dernier et trop faible écho qui est, pour tous ceux qui ont prêté leur concours à cette splendide cérémonie, un cordial et sincère **Merci** du Pasteur de la Paroisse, votre dévoué Serviteur à tous.

FÉLIX GENEAU DE LAMARLIÈRE.